livro de erros

maria lúcia dal farra

livro de erros

ILUMINURAS

Copyright © *2024*
Maria Lúcia Dal Farra

Copyright © *desta edição*
Editora Iluminuras Ltda.

Capa
Eder Cardoso / Iluminuras
sobre *Double Portrait With Wine Glass* de Marc Chagall, 1918
[óleo sobre tela, 233 x 136 cm]

Revisão
Eduardo Hube
Editora Iluminuras

CIP-BRASIL. CATALOGAÇÃO NA PUBLICAÇÃO
SINDICATO NACIONAL DOS EDITORES DE LIVROS, RJ
D142t

    Dal Farra, Maria Lúcia, 1944-
      Livro de erros / Maria Lúcia Dal Farra. — 1. ed. — São Paulo : Iluminuras, 2024.
    128 p. : il. ; 21 cm.

    ISBN: 978-65-5519-221-6

    1. Poesia brasileira. I. Título.

24-88792

          CDD: 869.1
          CDU: 82-1.(81)

Gabriela Faray Ferreira Lopes - Bibliotecária - CRB-7/6643

2024
ILUMI//URAS
desde 1987
Rua Salvador Corrêa, 119 - 04109-070 - São Paulo/SP - Brasil
Tel./ Fax: 55 11 3031-6161
iluminuras@iluminuras.com.br
www.iluminuras.com.br

SUMÁRIO

I.
PÓRTICO

II.
LEITURAS AO LÉU

Lendo a tela de um pensador, 19
Jardins da Universidade de Coimbra, 20
Pier Paolo Pasolini, 21
Eugénio, meu dardo (1), 22
Versos livres para Florbela, 23
Daphnis e Chloé, 24
Bad dog, 25
Eugénio, meu dardo (2), 26
Ricardo Reis, 27
Requiescat in pace, 28
Alvo, 29

Ana Cristina, 30
Hipótese, 31
Eugénio, meu dardo (3), 32
Página do diário de Florbela, 33
A Dama Pé-de-Cabra, 34
De baratas, 35
Eugénio, meu dardo (4), 37
Horizonte, 38
Agustina Bessa-Luís, 39
Sintaxe, 40
Valéry, 41

III.
EDNA, MEU SÃO VICENTE

Mínima de Edna St Vincent Millay, 45
A vingança do espartilho, 47
O vestido xadrez, 48
Sinal dos tempos, 49
Primavera, 50
Cabo de Antibes, 51

Recado dado, 52
Um gesto antigo, 53
Herança, 55
Hora marcada, 56
Objeção consciente, 57
Carta póstuma, 59

IV.
ABRACADABRAS

Lírico, 63
Semelhança, 64
Prólogo, 65
Pré-enigma, 66
Enigma, 67
Mãe, 68
Violetas, 69

Urtigas, 70
Inaugural, 71
Exercício linguístico, 72
Amor, 73
Impasse, 74
Leitor:, 75
Abraço, 76

Magia, 77
Reza verde, 78
Lua, 79
Sobrevida, 80
Obra, 81
Pregação no deserto, 82

Nomenclaturas, 83
Vida, 84
Paisagem noturna, 85
Conceito, 86
Profissão de fé, 87

V.
LEZAMA, MINHA LIMA

De como Lezama me desensina, 91
Melodia, 93
Aguardar a ausência, 94
Fascinação da memória, 95
Ah, que escapes da mesma água discursiva, 96
Errância, 97

Para Santa Teresa D´Ávila, 98
O verbo limar, 99
Discórdias, 100
Dupla noite, 101
Pavilhão do vazio, 102
Lezama e Zambrano: duas vozes sitiadas, 104

VI.
CASEIRAS

O cisne, 109
A morte da minha mãe, 110
O canto da Juriti, 111
No campo santo, 112
A bela adormecida, 113
Morada, 114
O galo, 115
Bens, 116
Despensa, 117
Índex, 118

Ritual, 119
Catarse, 120
Domingo no parque, 121
Na vitrine, 122
Mulher antiga, 123
Antevisão, 124
Visita perene, 125
História, 126
Adeus, 127

VII.
OITO ESTILHAÇOS PARA VITÓRIA DE SAMOTRÁCIA

1., 131
2., 132
3., 134
4., 136

5., 138
6., 140
7., 142
8., 144

Sobre a autora, 147
Obras publicadas, 150

livro de erros

À memória
de
Izalco Sardenberg

I.

PÓRTICO

Este livro nasceu do meu poeta Manuel Bandeira que, em 1949, provocou uma notável revisão nos meios literários com o seu aceno a uma

NOVA POÉTICA

Vou lançar a teoria do poeta sórdido.
Poeta sórdido:
Aquele em cuja poesia há a marca suja da vida.
Vai um sujeito,
Sai um sujeito de casa com a roupa de brim branco muito
bem engomada, e na primeira esquina
passa um caminhão, salpica-lhe o paletó
ou a calça de uma nódoa de lama:
É a vida.

O poema deve ser como a nódoa no brim:
Fazer o leitor satisfeito de si dar ao desespero.

Sei que a poesia é também orvalho.
Mas este fica para as menininhas, as estrelas alfas, as
virgens cem por cento e as amadas que
envelheceram sem maldade.

Pouco menos de cem anos antes de Bandeira, Baudelaire teria pensado francesamente assim, quando mencionava, como seu "semelhante" e "irmão", aquele "hypocrite lecteur" de *Les Fleurs du Mal* que, pelos vistos, inaugurava, a partir de então, a sua sina de criatura expulsa da poltrona confortável da leitura.

A lição baudelairiana de tornar cúmplice o seu leitor é a pedra de toque para que o poema exista — sem dúvida. Antes que esse ser deite os olhos sobre a folha de papel, tudo ali está mudo e morto: paralisado. As letras desmaiadas, embaralhadas, ignorantes, aflitas e sem rumo clamam por existência, pedem-lhe socorro para fugirem ao cativeiro da escrita, a fim de descobrirem, afinal, quem são. Todas elas têm ciência de que só o leitor as libertará. Porque a leitura apenas tem sentido se for produtiva! E daí que o poema conte em absoluto com a sua ajuda, amado leitor!

Não por outro motivo, Herberto Helder confessava ter preferido morrer intensamente "(ass)assinado". Traduzo o dito a meu modo: ser morto e redivivo pelo leitor que dá (por ele) sentido ao papel redigido. Trata-se do pequeno ritual de se deixar "assassinar" para poder ser "assinado". E Apollinaire bem sabia disso.

Mas convenhamos: isso é notório. No entanto, só depois de Baudelaire começamos por forrar essa tal poltrona com pontiagudas tachinhas intermitentes e invertidas que (uma ou outra vez) cutucam a nossa paz rotineira. De lá para cá, os solavancos têm sido mais ou menos assíduos — por vezes ritmados por alguma rima caída em graça, ou por bombardeios de sonoridades impiedosas que derrapam até em enigmas para a vida inteira. Pobre leitor de poesia das nossas eras!

É que se pede a ele (que se confia a ele, na verdade) a responsabilidade de agente do que se escreve. E é por isso que ele resulta apoquentado, maldisposto, visto ter sido convocado a abandonar o aprazível assento para ocupar o tamborete periclitante da leitura! A vida é difícil — o poema também.

De modo que ninguém espere delícias de aprazimentos e refrigérios num livro de versos. O poema quer despertar você do torpor de não pensar: quer botá-lo em ação, subverter suas maneiras diuturnas, tirar você do embaraçoso aconchego. E o único prazer que pode oferecer é a intervenção, a comunhão, a recomposição daquilo que seus olhos fixam no papel. Dádiva um tanto perversa, é verdade, mas de sumo prazer, porque pode transportar você a epifanias impensáveis — para bem ou para mal...

Por outro lado, há, de sobra, escolhas disponíveis: o poema pleiteia parceria — claro! — mas não a exige ditatorialmente. Ele deixa você à vontade. Há, por exemplo, *best sellers* ortodoxos que esparramam, às mãos cheias, benesses e deleites de grande alcance. Custo mínimo, preço de banana ou um tanto apimentado, mas vale sempre a pena. Ficamos a saber como devemos sentir, pensar, sexualizar, escandalizar, narrativizar, olhar, apreciar, rezar, amar — e daí por diante. À nossa disposição um glossário de mega novidades e de emoções febris que nem a *haute couture* parisiense iguala na sua ousadia, nem as derradeiras séries da Netflix, nem mesmo a violência cotidiana do nosso país. Só o hábito ordinário do celular e das redes sociais pode competir (sendo que não se trata bem de uma emulação, pois que se auxiliam mutuamente) com esse outro mercado.

O fato é que há uma diferença entre letargia e desassossego, e convida-se o leitor a fazer o seu lance.

Por isso, veja-se como, no mesmo poema, Manuel, sem dar bandeira, insinua a cor-de-rosismo desse tipo de letra, que cultiva a ausência de — experiência, a carência de senso, a menoridade, a mistificação das práticas sociais: a alienação. Sendo que há ingenuidade da parte desse preciso leitor, há, portanto, falta daquilo que Bandeira denomina "maldade" — e, assim, o "mal" acaba se insinuando no seu oposto (no poema-manchado-da-vida) tanto quanto nas flores do Baudelaire. E não é uma coincidência.

Que as gerações posteriores tivessem levado a sério tal pecha (bem fincada em 1857) enquanto prática do que é "proibido" — não estranha. De fato, é impossível imaginar a cara que a literatura teria se os dadaístas, os futuristas, os surrealistas e os istas em geral (refiro-me não só à vanguarda histórica) não tivessem vindo à cena para declarar frontalmente, com o apoio dos existencialistas (munidos da chave-mestra de Dostoievski — daquele que também escreveu: "um erro original vale mais que uma verdade banal") que, afinal — "tudo é permitido".

Assim, é de se convir que a carência de "maldade", por parte de quem se torna mais ou menos vítima da literatura "orvalho", abra espaço para um outro leitor que recebe, em vez de sereno, uma chuva de agulhas.

No entanto, parece pairar, sobre a letra "manchada" pelo real, um teor de negatividade. No poema de Bandeira, a contrariedade, o "desespero" do pobre do homem — cujo terno de brim branco engomado é assaltado pelos respingos da poça de água suja, com que o caminhão que passava o batizou — se desloca para o leitor.

É verdade que Artaud, por exemplo, levou isso à extrema quando propugnou um teatro da "crueldade" que, não sem o auxílio de Jarry, veio a desembocar no "absurdo" de Ionesco, Beckett, Genet e tantos outros, na impossibilidade de comunicação de Bernard-Marie Koltès e na polifonia teatral — no "espect(ator)" — de Valère Novarina.

Vimos alcançado, por essa trilha, o território do indomável, do que regurgita os padrões — domínio das transgressões, daquilo que "erra" por vontade própria porque busca, nesse desacerto, encontrar uma saída para um mundo mesmizado e mercantilizado. O erro é, desesperadamente, uma decisão de mutabilidade que se exerce sobre a vida, de intromissão no real: trata-se de uma nova maneira de não saber que, todavia, pode funcionar como uma "verdade" insólita e insuspeitável. Herberto, que não fica por menos, toma para si o fato de que escrever "é uma espécie de inteligentíssima expiação do crime obscuro de não ter morrido", de modo que, na sua obra, "qualquer desses erros é cuidadosamente implacável porque escrevo".

A obra de Camões não seria, por isso mesmo, um magnífico erro, uma grande errância? Não foi por o Poeta ter "errado todo o discurso dos seus anos" que ela foi construída? Como repete sempre o meu amigo Jorge Fernandes da Silveira — afinal, "errar é camoniano"...

Já acerca desse verbo ou substantivo (como queiram), o Paulo Leminski não deixa de dilucidar, com todas as letras, que

> *nunca cometo o mesmo erro*
> *duas vezes*
> *já cometo duas três*
> *quatro cinco seis*
> *até esse erro aprender*
> *que só o erro tem vez*

Bem, e quanto a este preciso Pórtico, todo esse discurso errante é para advertir o leitor de que aqui se tisna muito linho: "tinguijamos bem o seu brim" — divisa que se prestaria com naturalidade a uma lavanderia às avessas, tal qual a deste livro. A bem da verdade, esta obra se aplica em impossíveis, em delitos, em infrações, e, portanto, falha, celebrando a imperfeição. Equivoca-se em tudo: na sua escrita, nas "traduções" de Lezama Lima (1910/1976), de Edna St. Vicent Millay (1892/1950), tanto quanto nas "leituras" de poemas alheios e telas, sobretudo na do colossal mármore de Vitória de Samotrácia, exposto logo à entrada do Louvre, obras que mal podiam supor serem um dia assim tão abusadas, e que, no entanto, ficam, dessa maneira, erradas e homenageadas neste livro.

Claro que se erra propositadamente mas também sem querer — por pura ignorância. Não esquecer que o homem (a mulher) é um erro divino, como supôs Nietzsche um dia.

No ano passado, o Secretário Geral da ONU declarou, em alto e bom som, que a "Humanidade está a um erro de cálculo da aniquilação nuclear".

Que este livro possa ser, com sorte (e antes que isso ocorra), "um milagre cheio do milagre dos erros". Ao leitor, socorrê-lo.

Maria Lúcia Dal Farra
Lajes Velha 14/09/2023

II.

LEITURAS AO LÉU

LENDO A TELA DE UM PENSADOR

A cabeça pousa sobre a mão
(à disposição do quadro)
acomodando cada lasca de reflexão.
Tudo se ajusta na medida certa
em proporções insuspeitas.

E (no entanto)
a arte é produto do acaso
do caos
(que por vezes até se legisla)

e sobre o qual reflito
(alentadamente)
sobretudo agora
que tento refreá-lo
sob o pêndulo insofismável

do definitivo.

JARDINS DA UNIVERSIDADE DE COIMBRA

(leitura da tela de Achille-Émile O.Friesz — 1879/1949)

Vista das ramagens coloniais que quase a encobrem
(de África ou de América)
aparenta ser ela um convento esparramado
com uma torre quase a meio.
Podia ser um asilo
podia ser um retiro.
Suas altas janelas se fecham ou se abrem (para o tempo)
num relevo formalizado em equilíbrio que (entretanto)
desenha picos.

O jardim é (a sua maneira)
a topografia natural dos prédios espalhados —
ao mesmo tempo
em que os contém.

Há um pequeno caminho que se curva
diante do enigma do que virá.
Pois que (embora passeassem de mãos dadas
à sombra desses salgueiros)
Inês e Pedro não mais se escondem sorrateiros.
São agora o marco da fundação
desse saber ancestral sobre
o Amor —

que (aliás)
mais fácil
se aprende

sob os choupais de Coimbra.

PIER PAOLO PASOLINI

Ele (sempre tão lírico) via a luz muitas vezes
num único poema.
Era a Revolução, uma manhã silenciosa de Março,
a vida gloriosa de perseguido,
a fuga de abalada com a casa na cabeça.

E tudo vinha abençoado por esse brilho — talvez do
espírito, talvez do estilo, talvez daquilo que
(em si e no mundo)
não podia deixar fenecer.

Quilômetros de estradas alumiadas por sua graça.
Polegadas densas de cor expansiva.
Vida cinematográfica de íntima ficção
prometendo nunca anoitecer.

Que tenha sido um lume forte
aquele que o feriu de morte!
E que Pier Paolo tivesse podido apreciar
(com as dores e as lágrimas da Beleza
e com a mais pura irradiação da Arte)

aquele negro gume que o calou na luz.

EUGÉNIO, MEU DARDO (1)

(leitura da poesia de Eugénio de Andrade – 1923/2005)

Venho colocar-me diante destas paredes asseadas
de passado e de alucinações corpóreas —
para compor
(com novas formas, novos frutos)
a fome dos teus olhos.

Se vergas as mãos para o meu campo
sabes quantos espectros embaracei nas searas —
só para assustar inimigos?

Não tenhas medo:
não sou mais pedra e nem
linguagem bíblica.
Decifro os cruzamentos amontoados no rio
e conservo nos dedos os voos amanhecidos.

Vem para o sossego que te prometi.
Vem para o íntimo das coisas

que andamos levantando com ambas as mãos.

VERSOS LIVRES PARA FLORBELA

Num jardim de convento
um mastim rima
(célere, ameaçador)
cativo do verso que (invisível)
o faz avançar
(possesso)
sobre nossa saudosa Sóror.

Mas o animal desatrela-se
(como ela)
das tiranas regras
e toma um curso obscuro:
corre desatado sobre a estéril neve
sem claustros, sem átrios, sem compromissos tácitos —
ele mesmo mestre da sua própria sina.

É meio-dia agora
e o cão definitivo
(insolente)
desvia-se (como Bela)
— por livre arbítrio —
da autoridade eclesiástica constituída

saltando a página.

DAPHNIS E CHLOÉ

Do abandono e suas folhas
Daphnis monta uma coroa: a auréola de louros
com que há de premiar aqueles
que (um dia) o irão iniciar. Por ora (entretanto)
ele tudo ignora: sequer conhece Licênion ou Filetas
e acolhe no colo (entre as pernas)
Chloé
que (mesmo se o sente em deslumbre)
nada presume.
No nicho improvisado
ela dormita (inocente e bela) depois de banhá-lo —
batismo em que ambos conhecem pulsões sem nome.

Companheiros do mesmo infortúnio
foram ditos por Longus, Rilke, Lacan, Herberto.
Litografados por Chagall, bailam (diáfanos)
do pincel de Delaunay à partitura de Ravel!
Mas só Eros (mercê do preceito e do mútuo desejo)
os pôde aprisionar.

No entanto (na presente tela de Gérard)
a cultura ainda não os tocou. Repousam indemnes no
bosque primevo e perene —
castos e pastoris. Sem descendentes a supor

— livres de delícias —
serenamente ignaros a respeito da
doença que é

o amor.

BAD DOG

(legenda para a tela de Paula Rego – 1935/2022)

Ela reza para se desvestir:
para se entregar ao mestre.
Como a função será morosa
— duvidosa? —
ela se precata: seus joelhos
estão a salvo
na almofada

que
tanto lhe pode servir de amparo ao corpo
quanto de protagonista

ao visado ato.

EUGÉNIO, MEU DARDO (2)

Quando te ouço falar por dentro destas
horas moldadas à nossa imagem
não sei se tenho mãos puras onde
enrolar tua voz
ou
ouvidos brancos
onde guardar teu canto.

Sei só das conchas da praia —
trazem elas a memória dos mares
(ainda infinitos)
e eu tenho (no corpo recôndito)
frestas por onde esconder palavras.
A tua boca vem nelas
e um lastro de navegação para qualquer dor.

Quando te vejo levantar os gestos
que lembram madrugadas
resta-me apenas aguardar maneiras
de enfrentar manhãs.
Então libertos
(só as horas por cima)
nossos braços imensos vão contendo
a vida.
Olhos fechados
ganhamos no corpo todo o desembaraço
para conceber
(ainda uma vez)
a teia das lembranças futuras.

RICARDO REIS

Os pés descalços das ninfas
não têm ruídos:
só ritmos. Pisam o ar
beijam o vento
marcam discretos o tempo.

São versos que os antigos acatam
(longevos, apolíneos, longínquos)
e apenas pulsam
— lavrando (sutis) do mar
as costas.

Pertencem
(no entanto)
ao marulho profundo das águas —

tal qual Poseidon.
Atravessam continentes
falam potentes idiomas —

espondaicamente.

REQUIESCAT IN PACE

(respondendo ao "Conventos" de Florbela Espanca)

Nas igrejas de Évora
os sinos ancestrais
são hoje tangidos
a motor.
A dinastia de sineiros
(sepultada no tempo)
reclama (pontual)
contra tal profanação
— automaticamente! —

de quinze em quinze minutos.

São baldados badalos inaudíveis
(por baixo das horas)
carrilhões despencados das cordas
sons enforcados na voz do mecanismo.

Cúmplices,
o românico, o gótico, o celta
— e até o barroco! —
abandonam (revoltosos) os templos seculares
perseguindo
(pelos largos ares do Alentejo)
suas prístinas eras

— tal qual Florbela —

o sonido daquilo
que
(ainda agora)
a memória ignora.

ALVO

(*legenda para a tela de Paula Rego*)

Sem outro recurso
que o de abraçar o nada
ela desliza (ou é expulsa)
da cama —

lugar para onde o seu rosto
pende
em busca do ausente

enquanto o corpo (a meio pau)
— seminu —
ainda persiste se exercitando no difícil gesto

de produzir amor.

ANA CRISTINA

Para Michel Lahud

Já aprendi que não há jeito — deixa estar. Ela
virou musa e pronto. Um pacote feito
para o colo da mídia:
matou-se, mumificou-se
mitificou-se.
Filas de bons partidos de ex
futuros viúvos
contam casos: botam nela tênis fúcsias.
No tornozelo
argolas de prata

— mas foi com botas sujas e falta de modos que apreciei
os mesmos pés sobre um jantar servido. Não em Londres.
Em Paris.

Lá (intoxicada por efeito poético) usava mesóclises.
No Rio, nikes. Moldável às anedotas,
aos ditos inesquecíveis sem graça alguma.
Cabelo solto. Óculos de vamp. Estatelou-se com ela
(desde o décimo andar)
qualquer laivo biográfico.
A todos apraz
a lenda que não se esboroa

e que
(diversamente dela)
não se achata no chão.

Poesia não é vida!

HIPÓTESE

A crista do galo
não pertence a este mundo:
ela exalta o sol, se eriça para a luz
faz-se carne poderosa
— dedo de Deus.

Avermelha-se
cresce em flor estranha oferece alimento
(legume idiossincrático sem recheio) —
puro nervo.

Podia ser luva, da que não toca o fato
— da aristocrata, pessoal, indevassável —
da que não conspurca e nem se contamina
da que apenas
(uma vez armada)
sobe alguns pontos acima do horizonte

e se mostra em trânsito transcendental.

EUGÉNIO, MEU DARDO (3)

Tenho esta palavra nas mãos
e o gosto dos espantos espalhado
pelo corpo.

Ah, os vales tão repletos de inédito
essas paisagens pedindo compreensão!

Que faço com o pranto
que se debruça nas manhãs vagas?

Entrego o rio, a fonte —
estes sinais desconhecidos de deus —
para afagar com eles o óleo
a resina

a lubrificação da dor.

PÁGINA DO DIÁRIO DE FLORBELA

O frio focinho do cão
desmente o aconchego de seus pelos
mas atiça o meu desejo de afundar neles
os dedos.

O gelo
de repente se derrete
por entre língua e saliva quentes
no ardor da respiração

a se agradarem do expediente
(tão-só humano)
do meu tato.

Me lambuzam de um prazer primevo
que só mesmo a candura dum animal

ainda é capaz de nos facultar.

A DAMA PÉ-DE-CABRA

Migrante essa mulher
que ora desce a encosta
na elegância dos cascos equilibristas —
sem paraquedas.

Na raiz constante das letras
deixa escorrer seus vestígios:
o grande silêncio empapado e fresco.
O cheiro do cio percute nas
alheias e atentas narinas
e ela mesma o reconhece nas tetas.

Maná esse leite
a ensinar a fortuna da raça.
Alucinantes os dentes
cavando a alvura
dos nomes. Pois tudo fala
(claro!)
desde que ela berre

soletrando o tempo.

DE BARATAS

Evito naftalina nas rimas:
espanto eu mesma minhas próprias baratas.
Castanhas, negras, gordas ou pequenas
(que seja!)
ameaço-as com o pé quebrado do meu verso
— hemistíquio a hemistíquio
(sáfico ou heroico) —
e
(por vezes)
até me alço em suas asas.

Desaprendi
(com Clarice)
o meu desamor por elas — e
(só assim)
pude escapar (incólume)
da histórica lição de Kafka.
Afinal,
são elas tão singelas e brilhantes!

Senhoras de muitas garras
(dos primitivos
o mais vivo dos bichos)
irmãs nossas de cada dia neste vasto mundo
(e olha que não me chamo Raimundo!) —
elas

(ainda assim)

se servidas a frio com seu brando recheio
de chantilly
— estalam nosso apetite por entre dentes.

Baratas não morrem nunca! Dentro da gente
(metamorfoseadas, soporosas)
perpetuam-se roendo os teus ventres.

Baratas: batatas com alma!
(Rima interna, devidamente desinfectada).

EUGÉNIO, MEU DARDO (4)

O teu silêncio
já existia nas folhas
com que o vento fez seu primeiro voo.

Vinhas dos antigos tempos
(antes das espécies e dos vegetais) e já eras pedra e leite
e fontes —
explodindo gargantas na terra.

Eras ainda o que és hoje —
tuas feições escolhidas para o enigma tuas mãos feitas
para o rito.
Tens apenas (a mais) o rosto desenhado

como quem esperou muito.
Visitas o tempo diurno
e te agasalhas de cotidiano.

Mas ainda nasce (como outrora)
um peixe ou uma ave ou um astro ou uma vertigem

(enfim:
uma razão oblíqua que perfura o solo) cada vez que ficas
sempre que vais.

HORIZONTE

As vacas e as rimas travam duro ofício
e ruminam pontas de capim, bagaços
paisagens, estrelas.
Também o lixo da encosta
quando a enxurrada entorna.
Mas nem umas nem outras falecem de febre imortal
— lutam pela beleza do chifre que mira a nuvem
ou pelo eco da garganta solitária.

Sendo o que são
apenas se congruem discordando de antemão:

são diversos os suportes do incerto tempo.

Há congeminações inconclusivas
debaixo do ruído das palavras.

AGUSTINA BESSA-LUÍS

A minha Catherine Dumas

Mãe que acolhe o leitor nos braços
ela é (no entanto) madrasta.
Do contrário
como fazer compartir
compridas sendas a multiplicar sinais
que (sem mapa)
se atrevem a mais (a muito mais)
pelas Índias siderais?!
A barcarola das palavras soçobrando (irremissível)
na gramática das muitas águas
que a levam, lavam, enxugam —
põem-na de novo à proa
a quarar, a nadar e a se afogar?!

Transatlântica, impossível governá-la.
Ela só diz o que quer e nos arrasta (cativos)
para o luminescente abissal (lamparinas ou santelmos)
cabos sem esperança
incertas máquinas do universo
ali
onde começam as línguas.
Que desaprendemos (sob sua tutela)
gritando, gaguejando o nome
arriscando o pescoço num abecedário impossível.

E, de repente,
estamos de novo em casa —

mas trancados por fora.

SINTAXE

Palavras que tombam sobre o chão
e resistem
(embora se quebrem em cacos)
farelos que atraem formigas
apressadas em recolher — não chegue tão cedo
o inverno!

Semeadas sob o solo
elas pulsam como ervas e conjugam
o passado
ao iminente presente.
Criam flores de vivas trepadeiras a se
enroscarem (rápidas) nas pernas de quem passa ou
de quem se senta
à mesa da escrivaninha

pra onde retornam
(e de onde, aliás, nunca deveriam ter-se evadido!)
— pra perguntar a esta caneta
(irreverentes)

para que servem.

VALÉRY

Que ele me afirme que
com o pé calçado
o verso
impede a avalanche:
símbolos, hologramas, benesses imagéticas
até mesmo a via sacra do kitsch —
assimetrias.

Na verdade
todos queríamos isto bem composto
(valioso exercício, jogo de atos mentais)
sem correções e até com mudança de móveis.
Afinal, a velha casa caiada está
ruindo em algum lugar.

O tempo distante
(papel que se amassa)
guardará
— in fac símile —
a cena indigente do meu

mais recente desastre.

III.

EDNA, MEU SÃO VICENTE

Intervenção sobre poemas de Edna St
Vincent Millay (1892/1950)

MÍNIMA DE EDNA ST VINCENT MILLAY

Chamem-me Vicente. Edna é insuportável.
Nancy Boyd pode ser uma alternativa — mas apenas
para a minha dramaturgia. De tantas, talvez eu caiba
ainda no nome original. No entanto, sou tímida. Frágil
(só de aspecto) e um tanto etérea: posso até voar.
Magra, mignon, mimosa — faço-me antimusa, embora
tenha olhos verdes transparentes, voluptuosos
cabelos vermelhos — curtos ou alongados. Falta-me tempo
para embelezamentos: sou e não sou o que veem.
Investigo o feminino e o masculino: minha vela queima dos dois lados.
Defendo Sacco e Vanzetti, choro o massacre de Lídice
— compadeço-me dos mortos, deploro a Guerra. Ativista,
sarcástica, belicosa e doce — um incômodo. Eliot e Pound
me queriam de escanteio, mas quase me casei
com Wilson, o Edmund. Pulitzer fez crescer gente a minha roda
mas nem isso confundiu o meu único Eugen
nem mesmo quando (colhi com Dillon) as flores
do mal. Por um instante Paris ficou entre nós
mas Steepletop (na roça) me chamou de volta.

Não me tratem com condescendência! Se sou assim
é porque quero: tergiverso, desconcerto, desconfio.
Surpreendo: colho figo dos abrolhos. Trato a morte
de frente, indiferente. Me atrevo sempre.
De Florbela da América me chama o Sena. Irreverência
é o que me rege. É bom não crer muito no que escrevo
sou um feixe de impasses interpessoais
e nada confesso, jamais! Prestidigito exasperadamente
(mas com paixão). Faço-me ventríloqua na pronúncia e — notem! —

desafiando os tempos, tornei-me popular:
virei modelito da *new american woman.*

Ah, se ela soubesse! A gente quebra o pescoço
só pra preservar o espírito individual —
para poder gozar o instante. O melhor do poema é o ritmo e a
música: ouçam-me dizê-lo. Shakespeare me acena de um lado
e a ânsia de ser tudo introduz ali o caos —
ainda bem! Viro quase existencialista. Pianista.
Choro a morte das amigas e da minha mãe.
Adoro as irmãs. Sou recalcitrante —
agnóstica tenaz. Urbana e desértica.
No entanto, amo tudo quanto existe e até a
sinistra dor que me aflige e me tira do sério.
A infância é o reino onde todos permanecem —
até mesmo eu. Podem me procurar por lá.

A VINGANÇA DO ESPARTILHO

Vou botar à força o Caos nestes catorze versos
e o atarei aqui; se for esperto, ele pode até
escapulir, mas não sem antes se retorcer em
tufão, fogo, demônio. Seus hábeis desígnios

se anularão diante dos estreitos confins
da doçura da Ordem, onde (em piedoso estupro)
acomodo sua essência e sua figura amorfa
até que (Naquela) encontrem consolo.

Longe ficaram os dias da nossa coação,
da sua arrogância, da nossa ignóbil submissão:
eu o capturei! Não é nem mais nem menos

algo muito simples, apenas não cogitado;
não o forçarei a confessar nem a responder por
seus feitos. Só o tornarei... afável.

O VESTIDO XADREZ

Ó forte sol que branqueia
as cortinas do meu quarto:
pode (por favor) desbotar o vestido que trago?!
Essa violenta exposição de raiva roxa
e vergonhas vermelhas; esse amarelo
de finas traições (mas sempre certeiras); o
verde chamativo das boas intenções
(só de pura indolência),
as duras (mas ligeiras) opiniões —
enfim:
esta recorrente e estampada denúncia de mau gosto?!

Não mais difícil (temo) seja descorar, que fazê-la
— a esta roupa — que não posso tirar do corpo.
Nem mesmo a confissão consegue desvesti-la
para me mandar de volta para casa —
aliviada e nua.

E (tudo isso)
perante a tarde formal e inofensiva
debaixo da minha brilhante e aérea cabeleira —

forrando o vestido sutil...
Não se vê —

mas está lá.

SINAL DOS TEMPOS

Agora virou moda descartar como tedioso,
óbvio, vácuo, trivial, fútil, todas as coisas
que não provoquem ou excitem certa irreverência
ou que (com palavrório de intenção oculta

ou trocista) providencie (com *sauce* certa)
o prato que acalme de vez o voraz apetite. A evasiva cai bem;
a fala direta não. O correto — *de rigueur!* — é... ridicularizar.
Bizarra inteligência essa a que tais vagas modernas

expõem com seus tantos versáteis... Voltaire —
que usava touca para dormir e fechava (receoso das
correntes de ar) todas as janelas — podia declarar

(agora mesmo) qualquer mínima frase. Ela tanto
funciona sobre a mente embotada dos homens
quanto é capaz de aclarar o ar. Ontem ou hoje.

PRIMAVERA

Como assim, Setembro, já está de volta
espalhando verdes, botões e flores por toda parte?
Supõe, acaso, que a Beleza baste?
Esse raminho delicado de lilás
pode mudar os tempos e convencer meus olhos
a se conformarem?
A rosa vermelha que (em êxtase) se entreabre
estará aqui no ano que entra? O seu galho, a sua raiz?
Nem só sob a terra os vermes trabalham.
As abelhas amam beijar o que é belo
e carregá-lo para outras plagas.
Eu mesma não resistirei a colher
orquídeas que em breve se irão fanar:
afinal, a vida o que é?

Escada sem corrimão
com tapete solto em encerado chão —
lugar perfeito para uma certa queda:
para maiores ou menores de idade.

E você — como um tolo
recalcitrante e sem noção —
retorna todo o santo ano!
Desce a colina em alvoroço
com as mesmas promessas de encanto —

só para nos desafiar de novo?

CABO DE ANTIBES

A feroz tormenta de ontem se esboroou
e a frívola terra já a esqueceu.
As árvores se aquietaram.
Também
(com este sol) tudo seca rápido demais —
até as lembranças.
Os frutos dos pinheiros cobrem de novo o solo
— nu após a minha colheita.
As folhas se amansam. O doce odor
das recatadas ervinhas silvestres
invade o ar. Restou-nos
(afinal)
uma manhã infantil.

Mais mar que terra sou eu.
Açoitada de fúria pela tempestade noturna
(mal-humorada)
não me aquieto depressa.
Entre minhas tarefas diurnas
(inconformada maré, com tênue rugido)
minha mente sobe e desce
desce e sobe
enquanto (a meu lado)
— neste já então aprazível momento —
o disturbado oceano se arremete
(afrontoso e inchado)
contra a margem de defronte

chilreada de pássaros.

RECADO DADO

Ai ai! Você vai ter de engolir essa palavra!
Enquanto isso, devolve o meu livro e o meu beijo.
Será amigo ou inimigo quem pergunta — "Por que tantos
livros pra tão pouca cabeça?"

Venha, vou mostrar o meu mais novo chapéu
e você pode ficar apreciando (de sobejo) a pose
que faço ao ajeitá-lo... Ah, vou te amar
ainda mais por isso! E jamais te direi o que penso.

Posso ser doce, manhosa, suave ou astuta. Depende.
O certo é que jamais me pegará com um livro na mão:
serei tida por esposa exemplar — padrão de mulher.

E se algum dia você me procurar
— dia tranquilo (mas incerto!) — sem muita luz ou chuva
rapidamente te atenderei: basta assobiar.

UM GESTO ANTIGO

Pensei
(enquanto enxugava a lágrima com a ponta do avental) —
Penélope também fez isso!
E (além de tudo) mais de uma vez.
É insuportável tecer e tecer o dia todo
para desfazer tudo à noite.
Os braços se cansam. A nuca entorpece.
E (então) quando
(através das auroras)
você imagina que
(para a sua sorte)
nunca mais amanhecerá —

eis que
(de repente)
seu marido continua ausente
e não se tem ainda a mínima ideia de onde ele está
para onde foi
e onde se pode encontrá-lo
— e isso há anos e anos!
Normal é que
(explodindo)
você caia no choro:

o que mais se pode fazer?!

E pensei
(enquanto secava os olhos com a ponta do lenço) —
esse é um gesto antigo, autêntico, arcaico —
legítima amostragem da tradição grega, clássica:

— Ulisses também fez isso!

Mas somente como um trejeito: aquele
que indicava (à apinhada assembleia)
a imensa comoção que o impedia de falar.

Certamente o aprendeu com Penélope —

aquela que chorou mesmo:

de verdade.

HERANÇA

A coragem da minha mãe
se foi com ela
e com ela jaz:
pedra preciosa de Ourinhos —
(lá do oeste de São Paulo)
agora rocha
numa exposição granítica.

O camafeu dourado de seu uso
deixou-me em legado
só para refleti-la —
é o meu bem mais caro e dele
nem em sonhos abdicaria
— mesmo que preciso fosse.

Ah, se (ao contrário) eu tivesse herdado
apenas um tiquinho do que ela levou
para a tumba!
Essa coragem férrea que
tanto sobrava nela
e que
em mim —

faz imensa falta.

HORA MARCADA

Chegará um momento — poeira do acaso — em que
você se renderá e virá pra cama comigo. O sangue
a rugir ou já enferrujado (velho motor)
— isso ocorrerá. Se não hoje, amanhã;

se não aqui, na verde grama, com suspiros
e prazer — ou então debaixo da vida
ainda em tempo, querido! Vamos permanecer juntos
na noite: mais rude e mais violentamente (asseguro)

que o calor e o suor do corpo desejoso; que aquele
beijo tímido; mais que a noite obscurecida
onde (por fim) a boca recebe o doce e

aguardado sopro. A vida não tem amigos;
mais cedo ou mais tarde nós (os convertidos)
nos juntaremos à lua para alimentar o dragão.

OBJEÇÃO CONSCIENTE

Vou morrer
mas isso é tudo o que farei pela Morte.
Não a ajudo a montar no seu cavalo
nem a afiar aquela foice
muito menos a se cobrir com seu pesado manto.
Ela sempre tem pressa — que contrate assistentes.
Agenda cheia, zaps a passar, chamadas a fazer
pendida que anda (nestes últimos tempos)
para novos afazeres na Ucrânia, Israel, Palestina.
Que se vire sozinha
ela que é tão poderosa!

Nem ouse me açoitar, me torturar
porque jamais direi quem embarcou naquele avião.
Tampouco revelarei em que arbusto se esconde o gato.
Mesmo que me acinture com cilício pontiagudo,
sempre permanecerei muda pra você.

Não me venha meter medo, já disse. Apenas
uma coisa farei por você, e é demais.
Não consto da sua folha de pagamento,
não lhe devo nada: sequer sou sua usuária.

Deixe os meus amigos e inimigos em paz.
Esse negócio de ceifar a esmo é uma tara danosa.
Você é sem noção e tem feito muita besteira — sinto dizer:
se acautele! Pode até cortar a mão,
perder o braço. Essa lâmina afiada não respeita nada
temos visto. Deixe os meus bichinhos em paz.

Minha gente, sossegue. A depender de mim
superpovoaremos a terra. Não revelo nem a senha
nem o e-mail nem o ID de ninguém. Por mim
só farei pela Morte uma única coisa.

CARTA PÓSTUMA

Pelo menos, meu amor
não tiveste de viver para me ver morrer.
Considerando o quanto te maltratei
sufoco (agora) diante de certas lembranças
coro envergonhada
incapaz de recolher meus erráticos pensamentos
(que pastam nas colinas proibidas
e me arrancam a erva mental)
e corto a cerca viva da dor
só para resgatar o único desserviço que jamais te prestei:

nunca me viste morrer.

Encontro (em meus bagunçados papéis)
em meio a esboço de poemas, fotos de piqueniques
as cartas das tuas mãos ousadas.
Apalpo (no bolso do casaco que não quis doar)
o maço do lencinho contendo sementes de girassóis.

Poucos momentos como este — e eu deverei pagar por todos!

Mas tu não — nunca, ó imutável amor! Ó perdão constante!
Sei bem que não conservas escriturações contra mim.
É na minha própria mão que ficaram inscritos a precisa súmula
e os itens cruéis da minha afronta.

É que há momentos em que
(para saúde da mente conturbada)
preciso buscar além, recordar a meu favor:

oh dádiva inestimável!
O melhor que fiz por ti foi te sobreviver.
E isso não é pouco.

IV.

ABRACADABRAS

LÍRICO

O canto respira entre flores:
nascem corolas.

Que pétala me dás
oh nota cega?

Bem-amado inseto que carrega
o alvo onde a luz se despeja.

Ardo e vibro:

aspiro à mais nítida sílaba.

SEMELHANÇA

Invento o milagre da preguiça de Deus.
Fábrica forte pois que
lhe bota imerecida lassidão.
A ele
que faz os dias tão perto uns dos outros —
espremidos de trabalho.
Será difícil crê-lo em descanso
mesmo hoje

sobretudo nesta era.

Mas como fazê-lo meu —
à minha imagem?

Tenho de torná-lo manso e sonso
(possuído de vaidades)
e com uma pressão tão alta a ponto

de explodir-lhe o inútil coração.

PRÓLOGO

Quem é que pende desta folha:
inseto, voragem, mágica —
substância que incomoda?

A imagem do barco me ajuda a fugir?
Ou a palavra incendeia a água
e me lança de volta à vida precária?

Pernoito na página
assaltada pelo desejo incerto do abismo
ou da paralisia.
O corpo que aqui jaz é hirto
é isto:

suplica-te alforria.

PRÉ-ENIGMA

Sou a ave de sete cores
que corre em dardo
e ataca as falésias.
Sou o inteligente, o marinheiro
o javali no vento.
Bramo na planície indecisa
e abro
(com a ciência dos instintos)
a noz das rochas.

Fogo implantado no cérebro
ensino onde morre o sol. Sou
a espada viva que divide

as idades da lua.

ENIGMA

Escrevo pela tua mão.
Minha caneta te escora.
Registro o que a ela segredas
(conivente).

Desde a sua touca negra
a lua borbulha brilhos
(feito bruxa)
o mundo partindo: desiguais.

Luzes em linha de pipas
de pó de vidro
(truculentas forças)
dela irrompem
(degoladoras):
transpassam a minha letra
me deixam à deriva.

Nos estilhaços do escrito
tento ler os desígnios
do que me aflige:

palimpsesto, caleidoscópio?

MÃE

Para Joésia querida

Com trinta cabeças
Mãe-Fogo diz que sim:
que coze o que está cru
que dissolve o inteiro.

Bebo no mar de leite
a brancura do que não tenho
e me aqueço das tuas línguas
— que eu fale tão-somente o meu idioma.

Cuidada cabeleira, mulher da fronte alta
boca imaculada e ardente!
Ata os ares, costura as nuvens
fura uma estrela

— distrai minha dor.

VIOLETAS

Para chegar às violetas
é preciso mais que ânimo.
Enquanto o frio adoça as mandarinas
um cavalo se ata à neblina e
as densas vozes (que inundam a praça)

bem podem ser as nossas.

O que parece distante lateja sobre a pele
e eu começo o dia sem olhar o vão
onde descansa
(arisco)
meu antigo coração.

Há mesmo um momento em que o leite se derrama
na memória do gato?

URTIGAS

Nem toda urtiga tem dentes folheados
e ímpeto verde em atalaia
para cravar nos incautos passantes
a sua urticária — a água-viva da sua seiva.
Se as há cansanção
(meros disfarces de comichões tormentosos)
também as há
generosas:

as que se valem do equívoco interno do vocábulo
(falso cognato?)
para nos incitar a um estado de transe gozoso
como quem
se achegasse à pele
só para nos imprimir
irreprimíveis carícias.

Embora sendo
urtigas
(só nesse caso)
elas se revelam

orquídeas.

INAUGURAL

Abro as palavras
que agasalham dentro de si terra
ferro bruto, material diáfano
verme mortal
nuvens, fósseis —
para ver se obtenho (dentre elas)
um comércio insuspeitável de bens.

Os fragmentos se colidem em gesto de puro amor
e deles se esparrama
um suor de derivações impróprias
por sobre todas as coisas.

Difícil (de certo)
errático, impossível, silencioso
turbilhonante

que transborda o sonho —
mas que (talvez)
encontre o ninho
ou a solidão.

Quero errar à vontade:
cometa em rota de atrito
relato trôpego
gramática asmática
— cada qual solto em si mesmo:
nômade.

Tremo por vida
quero me erguer!

EXERCÍCIO LINGUÍSTICO

Na língua dos felinos
a água se levanta inocente
(perdulária).
Se deixa moldar etérea

— resumida.

Afoga-se na garganta usual
e nem silaba um gemido:

é
(digitalmente)

sede.

AMOR

Para o meu mestre eu danço
e tiro todos os véus.
No olhar dele meus meneios
espelham-se
e de mim mesma me enleio —
nas argolas de Saturno de suas pupilas
me deixo prender.

Sou do verde desses olhos
a esmeralda, o jade
— a pedra que dói

que se esmerilha nas rodas
nos volteios
onde (afoita) se deixa
lapidar.

Meus braços serpenteiam.
O rodopio abre abismos.

E em vertigem me entrego.

IMPASSE

Vocábulos adelgaçados mas sem salto mortal:
tigre capturado no fundo de súbito fojo
arranhando (sôfrego) uma saída.
Em vez disso, só sulcos na vertical
(terra boa de plantar)

— cadê sementes?!

As palavras se debatem em pânico
colhidas na rede
(peixes sem milagres —
apenas uns miúdos para o gasto)
tolhidas
trôpegas e poucas
enquanto

o dicionário vasculha
o significado desesperado da palavra

poema.

LEITOR:

Uma palavra com que morder
esta hora noturna.
Apontá-la madura à boca
trincá-la
sangrá-la da cor que melhor convier.
Para (enfim) vazada
esborrifar-se
no espaço gráfico: meus dentes.

Depois
tatear o relevo
do que o ato não consumiu
— a folha branca, o saldo do seu som —
e restituí-la assim
(vazia e aliciante)
para que possas inflar nela
a tua invenção

— o outro lado da noite.

ABRAÇO

A Francisco José

Quando
(desde as minhas costas)
tuas mãos vêm-me tateando lado a lado
em busca do meu imo
estendo-me para ti em aconchego

feito ninho.
Me espraio e me aporto.

E a rede que eu fora
(teu descanso)
se retesa em arrepios
e nos reflui
(enfim)

nessa pessoa inteira.

MAGIA

Aquele que chegar ao meu jardim
(passos em trilho na areia)
será capaz de plantar a flor
(multicor)
que se abre nas profundas da noite

— tão-só uma vez!

De longe os bosques ouvirão os sinos
as montanhas hão de pressentir
e cada ave se vergará

diante do lago sereno.
Nenhum navio vai se equilibrar no mar
e as sereias subirão de um tom
a voz.

Uma estrela nascerá na abóboda

tal qual a flor que se apanhará.

REZA VERDE

Samambaia da saia larga e godê:
arma tuas rendas pra me proteger!

Sob o arrimo da tua roda
não temo climas nem mau olhado
e o vento
(enrodilhando o teu cabelo)
também põe verde no meu penteado.

Se é mais longo um ramo teu
e o outro
mais encurtado
é que da vida as linhas
(compridas ou interditas)
são tal e qual desiguais

quanto as sinas femininas.

Se saio da tua roda e te espio cá de fora
aprendo a ciência da fibra
que (embora) em esporas tecida
de humilde se veste ainda:

desliza e verga —
se torce pra não finar.

LUA

Bendita sejas tu escondida desde o teu
capuz de luzes
aspergindo-me a alma!
Oh fulgores penumbrosos do mais fundo de mim!
Como vos leio na pauta elétrica
onde se degola essa mulher!
Não se embaciam meus olhos
firmes na contemplação:
luz contra luz.

Lua, espelho meu
(ó sacrifício!)

— que prata escondes
para que eu
(em ti)

tudo conheça?

SOBREVIDA

Para Michel e Haquira

Matéria ardente que o fogo
arrebata para si
assim a mariposa.

Venho clamar por clemência:

por que deve fenecer
quem se acumula de luz?

Canto
(portanto)

às escuras.

OBRA

Inóspita música se despenha
sobre mim com sílabas de espinho
pontudos pedregulhos rolando em cascatas —
sons que sacodem para-raios.
E o poema embaixo é tocado pela

amargura
embora resista e se abra em fortunas.
Mas um pássaro cai atingido
e o equívoco se funda
(definitivo).

Quem é que morre (então) de febre não consumada
e pousa sobre os meus dedos e me
leva a caminhar? Por entre agruras o vento

passa indiferente e as chamas entusiásticas
se ateiam mais fáceis.

Não rejeita o que te oferecem:
distrai
(tão somente)
essa nova constelação.

PREGAÇÃO NO DESERTO

Os santos padres no deserto
(tenho certeza de que são eles)
trilham as pegadas de Cristo

mas tropeçam
na evidência
e rolam dunas abaixo
como bolo de carne, carniça desprezada até pelo
bico que retalha — o sol.

Lástima que falhem! Mas o terreno é minado
quando o prêmio transcende.

Quanto a mim, nem me mexo. Calcino sozinha
como a flor que se vai abrindo

welwítschia mirabilis —

excessiva de si mesma.

NOMENCLATURAS

Sei gritar até que a sombra se solte da
minha voz
e o pássaro irrompa a luz
estriando-a, irradiando-a feito manteiga
a derreter sabores que a língua não conhece.
Lido com o ignoto, com pregos
que furam meus sonhos e deixam vazar pus.

O nome é guarda-chuva.
Com ele me escudo contra os meteoros que me acodem
e desprezo o impossível finito. Nem o vento me ajuda
com seu tom de sermão afogueado
capaz de conjuminar traições.
Estou só.

Bem que disse que tudo é perigoso.
Que o que é vivo
dói.

VIDA

No palco permanente
(e improvisado)
de cada dia
o sol gera sobre o mar
um litígio de luz.
A fome voraz dos pássaros

providencia
(sobre essa massa fria)
uma penumbra de noite fechada.

Na praia
as tartarugas
remendam os cacos
para persistir
suportando
(enquanto põem ovos)
as imprevistas variações da

sua própria geologia.

PAISAGEM NOTURNA

Aceno para a lua nascente
que me dá insônia e mete as mãos por dentro
do momento
insistindo no abracadabra.
Gansos selvagens unem-se com certa disciplina ao silêncio
(debaixo do esboço do que se adivinha)

e combinam larga asa negra de presságios.
Mulheres fogosas arrancam as vestes e se jogam na relva,
esfregando-se
como se se deitassem contra a própria pele.

Cantilenas toda a noite se espalham pelo sono mudo das
ardentes cigarras que

(só amanhã)
em plena luz do sol

hão de incumbir-se em perpetuá-las.

CONCEITO

Escrevo ectoplasma
para designar como a poesia
se faz.
A neblina que sai da minha boca
vira tinta no papel
melado pelo espírito
e seus prodígios.

Dá saltos nos sons, treina caligrafias
trata dos hieróglifos do tempo.
Aponta sinais do que se esconde —
bota no ar astros em rotação contínua
incandescendo

(tomara que para sempre!)
a nossa vista —

o nosso entendimento.

PROFISSÃO DE FÉ

O que calo
vira poema se não desato.
A poesia é duro tumor, afronta
que pesa: dilacera.

Nada de soltar o corpo para botar tudo pra fora.
Escrevo calos, amputações,
ralos, pedregulhos
que armam palavras em combate
— catapultas.

Essa história de o verbo se esparramar
e sanar —
é para sensatos. Não para quem
insiste nesse ofício.

V.

LEZAMA,MINHA LIMA

Intervenções sobre poemas de Lezama Lima (1910/1976)

DE COMO LEZAMA ME DESENSINA

Com ele de guia
me dou conta
da elegância astuciosa das formigas
que descem (inglesas)
a escada da noite.

Atento para os exércitos chineses
que só dormirão depois
(petrificados)
ao pé da ondulada colina.
O exercício das aleluias
fez recuar a luta —
mas pena que (já em seguida)
muito se apressem os soldados
no encalço das sombras
de seus corpos —
das que campearam (descuidadas)
pelo fluxo contínuo do rio:
órfãs do respectivo espírito.

Enquanto isso
(no lar)
a ave expõe sobre a mesa
o dia a dia da semana
e entremostra
(a cada vez)
tanto os matizes do fogo
quanto as lavas da farofa.
E o mármore cinza da pia

fica ali desenhando a rota
dos quartos mortos
rumo a tomar
quando nada mais de si
brilhar com força própria.

Vazio está agora o cinzeiro.
O pó da espera calcou seu pequeno relevo
nas cinzas
que tudo acolhem —

até o vivo olhar dos convivas ausentes.

Aberta, plena, asfixiante
a lua nefasta me instiga ao cio
e a estrela quebra a sua ponta no meu peito vazio —
minha derradeira brecha.

MELODIA

A melodia pica a minha pele
e levanta no corpo
um prazer de cheiros e memória
pedregulhos orvalhados pelo tempo
que me inclinam sobre a tênue
borda onde se desmancha o ar.

Um doce segredo (oh gaivota!) se imiscui
à nuvem que se estende dúbia
sobre esse momento
indecisa de anular (quando pouse)
o gozo que a música me infunde.

— É harmonia e não pressa marítima a onda
toda amassada que vem repor o sonho
(salpicado de plumas e espumas)
na pele esquecida.

Opaco vidro distorcido, o búzio.
Música paralítica em seus próprios contornos
a misturar ninfas à flauta que refina
até obter
(dissonante)
o total esquecimento.

AGUARDAR A AUSÊNCIA

Estar na noite
esperando alguém ou nada
e nem se dar conta de como (pouco a pouco)
a cadeira de balanço se afasta da luz.
Os músculos mais se fundem à madeira
enquanto os ossos recuam (sitiados pela palhinha-da-Índia)
persistindo invisíveis àqueles que virão.

Os cigarros usurpam o lugar
dos olhos cegos. E a gente encobre o cinzeiro
para desviar-se do espelho que ele é —
e também da dentadura impertinente que o traduz
mas (sobretudo)
dos reflexos dos dedos sacudindo
a ausência e a presença
a presença e a ausência
das entranhas ainda por soprar.

A vida ou o nada
ali abafados (como a origem da chuva
para os ouvidos longínquos)
escapolem das cinzas
preparando a resistência
de seus vestígios
ou se ajeitam (parceiros) —

respingando sobre as flores
que se arrepiam no frenesi do jarro
antiquíssimo.

FASCINAÇÃO DA MEMÓRIA

Tinta imaterial é a minha sombra
vermelho é o cordão que aprisiona o meu espírito
outra é a cor da eternidade —

menos uma flor que uma respiração:
tal o documento que exala o tempo
— nosso intenso hausto de um átimo —

enquanto a árvore trilha pássaros
canta cores
toca a harpa com o vento
e se ocupa
(entretida com sua copa)

da memória das raízes.

AH, QUE ESCAPES DA MESMA ÁGUA DISCURSIVA

Só espero que escapes (rápido) pelo ralo abaixo
enquanto ninguém tem tempo de te definir.
Que escorregues e te safes dos verbos
e dos animais mais finos —
os de passos breves são o pior.
Uma estrela pode cair e romper teus dentes.
Ou uma bulimia que se apodere de ti
te deixará para sempre vazio.

Tomara a água mais recortada
tenha pena de ti
e te misture em espuma e cinza!

É tempo, salta, desce do tamborete.
Deixa que te povoe a vida frugal

no orgulho de ser só o que não pede

o que abdica

o que se desperdiça.

ERRÂNCIA

A palavra que a manhã suspira
ziguezagueia pelas esquinas
(sussurrante)
até que o som da taverna a imante
e a acolha (tardia)
na boca dos ensonados
cantores
— que não são metafísicos e nem de Purcell.
Da torre
o sino quase a espreme com tamanha ressonância
mas ela supõe-se acompanhada:
alguém chega mesmo a abraçá-la
murmurando nos ouvidos outras tantas de sua igualha
(solitárias e companheiras)
a ponto de
comporem (juntas) uma frase
um verso
um livro repentino

que dá para o gasto do dia que se desenrola
até que a noite
(com suas prestidigitações)
imprima sobre elas um outro arranjo
e o poema recomece
(meio às cegas)

— com a primeira palavra escapada.

PARA SANTA TERESA D´ÁVILA

O ídolo de cobre sobre o rio
lançaste por obra do amor chagado.
Perdida a estirpe, o toque enamorado
não mais atua com inumano brio

que é quando a imagem (a gaguejar de frio)
lastima o desengonço no espelho d´água.
Alado, o sortilégio a abandona,
seu mister é então penalizado.

Navega o ídolo e por fim desiste.
Flor outra na eterna noite persiste —
ela é D´Ávila, tesouro da Espanha.

No barro, o oco amuleto emperra.
Só o fogo o liberta e o completa.
Sem chegar ao fogo — se desmantela.

O VERBO LIMAR

Limar as quinas do teu edifício é o meu ofício
oh Lezama Lima.
Pôr a funcionar a roda giratória
circundar.
Jamais limpar o cristal, menos ainda defini-lo:
cavar a brecha para que a água verta
fazer o objeto escapulir.
Sentir tudo de uma só vez.

Mulher
eu o exerço
entre medos e tropeços
fingindo (entretanto)
alheamentos —
com bravura e destemperos.

Oh carcaça inesgotável astuciosa de relevos!
Farol ligeiro que engana a noite
trêmulo firmamento.
O traço cursivo do teu guincho
de animal fareja as letras (por puro instinto)
em recolhido clamor!

Corpo cevado na angústia das acesas madrugadas
mal passaste pela janela da tua concha solitária
para a vida estelar que se anunciava:

o teu galho de dor frondeou tão forte
que te fincaste (resistente)
nessa enorme moldura
de imóvel peregrino.

DISCÓRDIAS

Obter (esfumaçada)
a resposta que a pedra se recusa a dar
e boiá-la na transparência da água
que imita o grave caos oceânico. Forçá-la
entre um contínuo e sua interrupção:
oco larvar repleto de humus.
A palavra bêbada (afogada, mas alimentada)
ganha-se farol — metade vazia
metade arranhada da própria luz.

Caminho descalça sobre esse covil
capaz de semear fogueiras
e posso até entrar no espelho
para desbaratar o exército de folhas
que (em frenesi)
correm para mim.

Cômica contradição essa a da poesia!
Quer destruir a sua apojatura
enquanto eleva a súbita ponte pênsil
para não naufragar.
O delfim do seu umbigo (tonto de ternura)
vai criando ouroboros ao rodear a embarcação

ao mesmo tempo em que
lava as letras e as dispersa

no seu mesmo girar abissal.

DUPLA NOITE

Há um gato que se aplica em esconder a noite.
Ela está maldisposta:
tenta adormecê-lo e às folhas —
mas estar aprisionada entre dois holofotes
(convenhamos!)
é fatídico.
Querem devassá-la, corroer
o mistério que alimenta a sua obscureza lunar
pentear sua vasta crina de mulher fogosa
catar seus piolhos.
Enquanto isso
o trapaceiro do gato cava um fundo buraco úmido
e a enterra. Desiste. Expõe-na de novo.
Trapaceia e a tapa outra vez.

No quarto escuro topo com um homem.
A bem da verdade
na topografia dos móveis em nada ele altera —
sentado ali no meu tamborete. Mas insisto.

Começa então uma contenda em libras
que se espalha pelas penas volantes dos travesseiros
que eu não vejo por que
o gato
(apressado mas extático)
sonega
(de novo)
a noite.

PAVILHÃO DO VAZIO

Lasco (com a ponta da caneta) a parede
à procura de um som
uma cor (ainda que reclusa)
mas vacilo, momentaneamente cega.
Persisto no ofício e uso então as unhas:
delineio insistente agora o meu
tokonoma na mesinha do café. Miniatura
que só a mim me caiba: apenas.
Que me reduza e me retorne
enquanto possa.
Daiquiri miserável esse de se engolir:
cubano, não. É mais um japonês mal traduzido
o que
(aliás)
me socorre na construção desse vazio
trazendo
(de lambuja)
um bansai para florear o oco cavado sobre a távola
— um encontro na esquina da Indochina
numa calçada da Capadócia
ali no Café de Flore

onde um fantástico gato baudelairiano
se espreguiça (pachorrento)
diante dos amantes fervorosos e dos sábios austeros.
Minha alma é a ideia fixa do reverso onde me enfronho.
Nado de braçada no meu pequeno quadrado.
Na borda da xícara
patino desatinada sobre a planície desencontrada

onde cabem um canguru inquieto
um esquilo que se esquiva, uma lagartixa paralítica,
a lagosta avermelhada de vergonha
e
uma lima-da-pérsia deliciosa
que racho com a insanidade das unhas turvas e chupo
desesperada
(com gosto de infância entornada)
suas garrafinhas de sumo loiro

a desaguarem escada abaixo
a se esparramarem
sobre o chão paleolítico da memória —
lá na cave
onde há uma cabine telefônica
e um WC unissex.

LEZAMA E ZAMBRANO: DUAS VOZES SITIADAS

María
(a que estava em todos os lugares
a que trazia no lastro de cada palavra
um pleito e uma prece)
mora hoje em dia no eixo do zodíaco.
Estrela
ela une como um ímã
(mercê de seus doze gatos)
os
trechos salmodiados de Aracéli —
sua irmã.

De María
a fecunda borra onde nos afundamos
no último gole de vinho —
ali
onde as uvas ensinam todos os lados de Málaga
e as árduas águas de Espanha.

O papel rugoso e antigo
espera
(desde Havana)
pela letra dela a Lezama —
que de lá lhe acena
com o poema inscrito nos dias de avesso:

versáteis do nada, picos de transparência
da pátria onde (imperceptível)
ele próprio jaz

como o grande patriarca das letras
— dessas que não podem mais.

O "como" não é aqui nenhum lago de Itália
mas apenas um oco no dialeto cubano:
o elo que
(para o caso)
os aproxima
muito desconfiado de não servir a propósito algum.
Por isso, Zambrano,
empresta-nos
(nestas obscuras horas)
os olhos azuis que ganhavas
a dizer Platão, Unamuno,
Ortega ou Machado.

Na Taverna do Intermédio
continuamos todos —
mas
com árvore, fonte e pedra

interditos.

VI.

CASEIRAS

O CISNE

Tanto quanto Fiama
não te ouvi cantar

muda, falsa e ignóbil ave! —

e
(no entanto)
do alto das tuas águas
cavavas a tumba da minha mãe:
tisnavas de brumas a nossa vida.

Ah, vão temor de sabê-lo só agora —

maldição!

A MORTE DA MINHA MÃE

Minha mãe se foi como um passarinho.

Mas que tem a ver com tamanha dor
a ave que voa colorida e tem penas?

Como pode ser assim tão mau
o mesmo pássaro?
Que consórcios mantém ele
com a morte?

Sua diáfana suavidade
(tão leve toque de beleza!) não tem bicos que cortem o
coração. Que (no entanto) sangra
rasga o tempo
rui para sempre o corpo feliz e inteiro
a que nos acostumamos a chamar nosso —

de repente alheio
(ignoto)
de repente
indiferente para quem o amou.

Uma águia poderosa (sem remissão)
mergulhou no peito da minha mãe
e embora
(delicada)
lhe emprestou envergadura de asas

para partir.

O CANTO DA JURITI

Às minhas irmãs

O pó se acama nos objetos que
(impiedosos)
persistem em ebulição permanente.

Debaixo dos limos, dos cadernos
— que camada fica assegurada?

Nesta noite amarga de Setembro
— calor e treva —
perpassa (numa ameaça de lua)
o silêncio dos gaviões
ainda que previdente.

Fabulista,
penso num despertar de instantâneos
— numa pomba solista que me redima.

Juriti!
Ternura e espanto.

NO CAMPO SANTO

O tormento logo me assalta
pendido das árvores insistentes que dão trilha
ao que jamais restituirá a melodia —

são apenas vozes à porfia
(debalde)
hesitantes, mudas —
atrofias.

Um pouco mais longe
uma brandura vagueia à toa
e cobre
a encosta onde te deitas — oh Mãe! —
ali
onde a brisa noturna pronuncia a cada dia as
próprias queixas
e
um pálido e contínuo aroma recorda o vaso entornado.

Enquanto me atrevo a essas andanças inúteis
o mundo vai esgarçando a sua glória para todos à volta
mas não a mim que
permaneço órfã e só.

No ar e no chão — desolação.

A BELA ADORMECIDA

Ela dorme sob os ciprestes
por cuja sombra passei
aninha-se com seus amados
uma só campa os contém.
Na rasa caverna jazem

corpo e rosto do que foram
no silêncio se pressentem
tocam-se de pura saudade.
Não há mais tempo de nada

nesta sorte de eternidade
em que a alma vive una
e o corpo, só sombra nua.

Invejo os vermes, que ainda te sentem
enquanto me consumo em memórias
vãs

porque sequer te alcançam.

MORADA

Nesta casa incerta
os dias são longos, abandonados pelo
tempo
que desistiu e desertou dos seus.

Crescer ou morrer já é igual:
ambos tocados pelo mesmo fogo do que não se sabe
tangidos por sílabas frias
nos ecos corridos da minha voz.

Abrir as torneiras para ver fluir
o que não se retém.
Olhar no espelho para conferir os pontos
cegos.

Erigir aqui o mausoléu.

O GALO

Me confundo
supondo se este galo é o mesmo
daquela madrugada —
o do canto repetido, o da crista abrolhada do sangue
de Cristo.
O mesmo que canta no vizinho
e que ilustra (aos sonolentos) sua grande solidão.
O que bica escorpiões e limpa os quintais —
ofício que lhe depura ainda mais a plumagem
as notas
a amplidão.

Galo feito a golpes na madeira silenciosa
— só o canivete esculpe-lhe o pé forcado.

Por causa do ambíguo parentesco
não sei se o escultor o sangra
ou se lhe bota asas de
Mercúrio.

Carteiro dos altos
envia mensagens a quem repousa
e muito traduz
(aos de insone feitio)
do quanto retalha a noite

cada cacarejo seu.

BENS

Eu tinha um boi:
meu pai (na sua fantasia) me deu um dia.
E como não fosse ferrado
e as malhas tresvariassem —
sempre o topava (parelho)
por onde quer que eu andasse.

O mundo era para mim
(amparado por seus olhos)
um formoso, espantoso pasto.
E tudo da minha lavra
do meu inteiro xodó:

vacas, carneiros, patos
riachos, avencas, casa
gatos, moringa, enxó.

Tanto poder eu tinha
(ó pai miraculoso
que tudo me dava!)
que ainda agora apascento

sob o seu toque e berrante —

minha manada de estrelas
minha boiada de lumes.

Pai —

perene pastor de nuvens!

DESPENSA

O pudor do vidro da compota
se explica pelo gosto
em guardar tamanho odor.

De uma vez
o pêssego —
metido em calda translúcida
cortado em metades que perturbam a vista
com seus seios.

Doutra feita a berinjela
(que já sem forma)
planta pequenas pevides por entre
ativas cebolas, vinagre, azeite, pimentos —

botando zonza a transparência.

No vidro convivem flor e sombra
num bosque generoso

— preparo de dentes em retórica plausível.

ÍNDEX

Na hora das refeições evitam-se
poemas.
O frugal se serve e nos alimenta —
embala a sesta e o dia.

Versos produzem indigestos
desbordam para o cataclismo —
dão vertigem à volta dos pratos

e queremos uma sobremesa bem lavrada
em açúcares
lustrosa de manteiga
e de olvidos.

Se o café desperta
é porque segue a sua meta —
e só o odor
já me atiça para
aquilo que ninguém cogita
para o depois do almoço:

um bom maço de almaço
(sem linhas)
onde possa correr livre
o inscrito

sobre
os interditos à mesa.

RITUAL

Corto o pão ao meio
de comprido —
saudades:
sanduíche com tomate e mozzarella dentro
mais um frio qualquer
(mortadela, presunto?)
a percorrer a espinha
que se abre
(bífida)
em langores de serpentes prontas para o bote
do passado.

O recheio do misto quente despistou-se
no assédio da minha intrépida boca
e o molho vermelho pinga das beiradas
(vindo do fundo)
do âmago da parceria entre trigo e vísceras frias.

Tudo dentro do estômago
— redondo —

a protuberar silêncios.

CATARSE

Vou escrever rapidinho um poema
para poder dormir em paz.
A guerra do dia a dia ele desfaz
e a letra sobe na categoria.

Um roubo faço ao papel enquanto vou tecendo arabescos:

alfazemas brotam por toda a parte
lilases e alheias
visto que combinam com mancheias
de nada e coisa nenhuma. Só o som conduz
o que não se mostra

e a caneta em frenesi passeia —

flana por cima da minha
carne seca.

DOMINGO NO PARQUE

Na relva descansando formigueiro
carrega meu sonho
— só solúvel se atirado ao rio.
Acordo molhada.
Patins fazem trilhas sobre o meu ventre
cujos percalços topográficos já derrubaram três
inclusive aquele menininho ruivo rezinguento
que (do seu skate) me chamou puta.

Há acidentes carentes de prontuário
feitos no silêncio, no sussurro. Num desses,
uma unha pode romper-se
assistida apenas pela lua —
terna bola ferida, vagando bêbada pela madrugada.

Parece-me estar ovulando — fora de tempo.
Creio que de susto.

NA VITRINE

Sei que os manequins se enrijecem de frio
com esse *freezer* pulsando dentro.
A impassibilidade é estéril
e já abortou uma ninhada.

De repente sem mãos
braços virados na direção do prêt-à-porter que os cobrirá
durante dias —
ficam ali expostos em óbito. Confundem-se com
jazigos & seus hóspedes. Não

com salgueiros
— que estes são móveis —
mas com a chama inerte do cipreste.

Nus, calmos
assépticos (depilação a mel)
trabalham
para a obtenção do silêncio —
tão miseravelmente exibidos na montra.

Meu Deus —
como faço para acudi-los?

MULHER ANTIGA

Estou paralisada. A cabeça desanda.
Não tenho passado que saiba
alguma lembrança. Aparelho os nervos
para que fiquem lassos
retidos que estão de cega ambição.

Quero dizer mas nem sei bem o quê.
A mudez abre a minha boca
e a segura naquilo que não vem. Estou
comigo e contra mim —
estilingue mirando
um alvo:
este mesmo elástico e forquilha.

No centro do sábado de aleluias
sou o Judas e o malho que o maltrata:
do alto do poste, na rua pública
observo-me batendo e apanhando —

traidora de mim mesma.

ANTEVISÃO

Uma mulher sabe que vai morrer.
E a outra que ela é (treinada na elegância
de não o admitir)
passa o seu perfil altivo e trigueiro
diante de todos.
Pássaro? Anjo? Cisco de palha (terei dito)
onde o fogo se alastra fácil
e toma conta da cena.

Nenhuma chuva aplaca esse incêndio
menos ainda o orvalho dos seus olhos
que mal esfria o espírito
e sequer protege os pequeninos cílios sobre
as pupilas — tão negras
como tições
ao mesmo tempo doridos

a desembocar nas sombras.

VISITA PERENE

A meu amigo Paulo Brito

Sozinha na vasta casa vazia
percorro o labirinto de seus corredores:
fios do tempo que costuram os frangalhos
em que tento me ajuntar. O assoalho
de madeira
(gasto por tantos passos)
range ao peso de minhas lembranças
e daquilo que deponho
sob o teto.

Uma vez parei junto a esta porta e
aqui fiquei
à espera de que ela se abrisse — oh Sésamo!
Aquele cômodo ali

era porto para outras plagas —
histórias de viajar (criança) no colo do meu pai:
tapete voador por paragens de olvidadas eras.

Nesta casa dormi sonhos
(tantos e mesmos)
que nem invento se disser que por eles

ainda vagueio.

HISTÓRIA

Não tenho sabedoria alguma.
Entrego tudo de mão beijada.
Sequer sei decidir com que roupa
combina melhor o meu humor da noite.
Tenho pressa de viver —

de cumprir a sina.
Uma história se encerra para dar lugar a outra

e há tantas vidas ainda na fila!

Minha alma sem ímã
meu espírito-luz
não bastam
como morada
nem como golpe de azul.

Finitas as coisas que não se estendem
também não quero mais que isso.
Encompridar é recurso de rio

e eu não sei nadar.

ADEUS

Ao meu primo Zebba Dal Farra

Um vento rude e cru perpassa a rua Curuzu.

A camélia branca do jardim suspenso da Nona
se despetala e voa (discreta)
à bocca chiusa:

borboleta
pena
aveludada asa do tempo.

O que faço com a via entre flores
por onde eu corria
(dia a dia) esbaforida
e que (encabulada)
media (contrita) a minha paulatina altura infantil?

Que dirá de mim o velho portão de ferro
por vezes encrencando contra os meus dedos
minha pressa
por certo ciumento das regalias que
tudo ali
me permitia?

Todos testemunhavam a minha existência —
calados, atentos, cientes.

Em que monturo ficou tudo?

VII.

OITO ESTILHAÇOS PARA VITÓRIA DE SAMOTRÁCIA

1.

Fragmentos de um triunfo cauteloso
ignora-se se a leve emissária aterrissa
ou se alça voo (se terá vindo anunciar ou prevenir) —
para sempre pairará sobre nossas cabeças
essa esfinge itinerante.
Das suas múltiplas batalhas
a Deusa continua em trânsito
apressada. Degolados (como ela)
o conhecimento e a História que
(para tanto)
em nada nos socorrem.

De Paros
(pálida como a notícia ignorada)
ela flutua (inocente, resplendente) sobre
os míticos devaneios
embalados ao ritmo náutico do tráfego oculto
entre Rhodes e a Samotrácia.
E nos aturde.

E cá estamos — naus perdidas e sem rumo
pelas muitas ilhas do mar Egeu. E
(no entanto)
vê-se que (obstinada) ela tem vindo
se decifrar, se expor
balbuciando seu desejo
sua rota improferível
durante as muitas volutas dos anos. Desde
(talvez)
o seu indesvendável (e helênico?)
advento.

2.

Arqueólogos de diversas idades e expedições
(em meio a saques, disputas, pilhagens, aventuras)
têm-na vertido em bom grego, francês, turco
e alemão. Pugnas cuja vitória
ela não divulga.

Forasteira
veio de lá clandestina
mas hoje — oficial! —
do alto dos três metros do seu pedestal cinza
desdenha o subsídio de reis e ditadores
— por puro amor à arte.

Jaz (eterna e diáfana) no ápice dos muitos lances
da escadaria
como a sobrevoá-la de presságios.
E assim desafia
(e a quem a visita)
com sua vida em movimento:
passageira do imemorável.

Seus blocos de mármore
(dados de azar)
jogam um quebra-cabeça contínuo.
Tomara os tenhamos montado
a contento!
Seria mesmo esse o valente leque de envergadura —
aquele que abrimos quando
a ciência lhe reinventou a asa esquerda
em algum porto esquecida?

Se é desde abaixo que se acende
(pelo plissado da túnica de vestal)
a fogueira que se estende até as suas penas!
Se é
logo ali —
que se alteia
a túrgida vela
em distorcido avesso?

3.

Por isso mesmo
o seu torso se conserva fresco e úmido
respingado de mar e temporais. Talvez
do suor alado da sua tão ágil missão —

prodígio de escultor anônimo
por Fídias inspirado.

O minudente drapeado da indumentária
enruga e embute
(ali)
o tempo
mas deixa
(à deriva)
a coxa esbelta e viva a despontar
a libido
com seu ímpeto selvagem —
inominável!
Eis como ela se precipita sobre nós
e nos destina
informes.

Traços de nuvens no peito
(ainda)
traz —
de quando desabou a borrasca
e o eólio sul
lhe fez raiar de gozo o
bico dos seios.
Milagre de sopro:
eternos se elevaram —
juvenis.

A trança de esmirna do seu peplo
(arrebanhada desde a cintura a tal altura)
os terá soerguido
para sempre.

4.

Sábia
(a seu modo)
ela se rodeia da
incompletude de tudo o que
é belo
e pede o concurso do
silêncio.

Talvez
sobre os vestígios da
palma da mão decepada
— e já tão distante da sua ama —
se possa exercer
uma quiromancia oculta.

Transportariam
(os estilhados dos dedos)
uma coroa de louros
ou a trombeta da vitória?

Quem sabe
o inexistente braço
(já agora um tanto elevado)
estivesse (apenas) a acenar
(em delicado desafio)
saudando nossa ignorância?

E o esquerdo?
Uma arma
um bastão. Uma
bengala
para a sua tanta
idade?

Urge
um
indefectível oráculo:

desses que
preveem
o passado.

5.

Filha de Estige e de Palas
sendo que Athena a traz
sempre atenta
por perto
à mão —
a nossa Nice já flanara pela
Ligúria
e por ali se deixara ficar.

Eis como se conhece
(desde a nascença)
a desmesurada raiz de afeição francesa
por seu ofício. Não surpreende que
Matisse, Picasso ou Chagall
nela tivessem buscado
colo. Isadora Duncan a morte.
Suas costas são verdadeiramente
azuis
e a sua luz
jamais
se extingue.

E se distribui.

Alcance-se o seu eco
nos frisos do grande Altar de Pérgamo
em terracota.
Na Turquia
as miniaturas.
Sua taça campeia
(também)
por mares mediterrâneos:
esteve em posse de Demétrio Primeiro
(o da Macedônia) —

aquele que nos presenteou com
esse persistente
bem.

6.

Impossível tem sido inquerir
quantos blocos de branco mármore
Pirócritos
destruiu para moldá-los
à sua imagem!
E como se alçara
(ela)
— do peso dos vinte e nove mil quilos —
até o pico da colina
para o nicho cavado no calcário —

a sua morada orfanada?

Da proa cinza do barco oculto
(no topo da escadaria)
seu corpo se oferece
(a nós)
como a primeva fêmea.

Qual sua cabeça
quais seus cabelos
de que cor seus olhos?
Lembraria (ela)
a figura precária da antiga Medusa
sacerdotisa e casta
a belíssima mortal
estuprada por Poseidon o odiento?!

E
(já então como vítima)
experimentara a arbitragem de Athenas
que
(em termos de parentesco)
só pende aos seus?

Os cabelos afrodescendentes
abertos em sol
cordas de ouro raiando raízes
esparramadas pelo mundo ao derredor —
se serpentearam
(de repente)

em milhares de fúrias.

7.

Quisera cobrar o infortúnio
revidar o aviltamento!
Que o veneno de cada um dos cabelos seus
inocule cada um dos homens do planeta!
#MeToo!

Talvez (como ela)
tivesses perdido a cabeça.
Mas (pelo menos) a de Medusa
ainda comparece no escudo de
Athenas. E a tua?
Aonde para?

Teria te nascido (do pescoço mutilado)
um cavalo alado? Ou Pégaso
apenas migrou para os teus braços
e te nutriu de asas?

Mas (malgrado tudo) puseram-te em espartilho.

Uma enorme armadura interior
te coíbe — te contém.
Estás gradeada
aprisionada — às escondidas.
Assim é! Senão (ao contrário)
capaz serias de distribuir os teus
cento e dezoito fragmentos
ao vento...

Tal qual a mulher que és
somos nós — aos pedaços.
Entanto, armadas em grandes bravuras.
Bramuras?!

O espelho da face que não tens
imobiliza como a górgona.
Só
(assim)
reconhecemos o nosso próprio
rosto.

8.

E ainda por cima vêm Beyoncé e Jay-Z
para te enlouquecerem
com seu show business:
apeshit!

Socorro! Eles sim têm poder!
E ostentam!
Esbanjam muito mais pressa
que tu: urgente estocar seus dinheiros.
E já que não possuis a rapidez
do Lamborghini que lhes pertence
(ainda bem!) — ficas poupada...

Stack my money and go (fast, fast, go)
fast like my Lambo.

E tu a tudo assistes
— impassível —
do cimo da tua mudez permanente
daquilo que não tem nome
nem se mercadeia.
E eu (que te longe te sigo)
subo — sôfrega —
(munida apenas do meu nike

de corrida)
cada um dos degraus da escadaria
que te põe (mais e mais)
no infinito espiralado do
enigma.

Adernada (na tua chama)
te chamarei Nice, Nicinha, minha coleguinha.
Jamais serás uma Drakkar domesticada
ou uma mera gárgula —
ainda menos uma carranca.

És (afinal) o indecifrável.
A vitória de um corpo inteiriço
sobre as nossas mentes.

Dele
fazes frente ao
imaginário irrefreável.

Nunca te deixarás possuir.

SOBRE A AUTORA

Prêmio Jabuti de Poesia (2012), semifinalista e finalista de poesia dos prêmios Oceanos (2017) e Portugal Telecom (2012), tendo sido indicada ao prêmio Vergílio Ferreira (Portugal, 2016 e 2017), Maria Lúcia Dal Farra nasceu em Botucatu (Estado de São Paulo, Brasil) em 14/10/1944. Por questões de sortilégio, cada um dos seus livros de poemas é composto de 99 peças, também traduzidas, em antologias, para o espanhol, inglês, italiano, grego. Sua obra tem sido objeto de teses de pós-graduação e foi indicada como bibliografia ao Programme du Concours Externes de l´Agrégation aux Universités Françaises (em 2002), tendo sido distinguida, ao longo do tempo, por diversas honrarias no Brasil, em Portugal e no Peru, cuja Embaixada lhe publicou um volume em comemoração aos "50 Años del Centro Cultural Brasil-Perú" (2013).

Foi homenageada pelas Universidades de Évora (2016, 2024), de Lisboa (2019), pela Câmara Municipal de Matosinhos (2008) e pela de Vila Viçosa (2019); pela Universidade Federal de Sergipe (2013 e 2022), pelo Sesc (2019), pela Anpoll, (2019), pelo Circuito Cultural do Banco do Brasil (2003, 2008), pela Revista *Agulha* 114 (2018), pelo Congresso Internacional Florbela Espanca "100 anos de Livro de Mágoas" (Portugal, 2019). O volume *No Ardor dos Livros* (2021; 297 páginas) é a preciosa dádiva intelectual que lhe foi oferecida pelos seus ex-alunos, ex-orientandos, colegas e amigos, em forma de estudos sobre a sua obra poética e ensaística.

Hoje em dia não canta ou toca mais piano nem violão, muito embora tenha se diplomado em piano e em educação musical pela Faculdade de Música Santa Marcelina de Botucatu (1964), e tivesse tido como professores importantes maestros como José Eduardo Martins, Miguel Izzo (para cuja partitura escreveu a letra do Hino do Conservatório Santa Marcelina de Botucatu), Miguel Arqueróns (diretor do Coral Paulistano do Teatro Municipal de São Paulo), João de Souza Lima (da Semana de Arte Moderna de 1922), para além de Robert Adolph Léon Sylvain Dierckx, que lhe legou, além do piano, um revolucionário saber. Como soprano dramático, solou com a Orquestra do Teatro Municipal de São Paulo dirigida pelo Maestro Tullio Colacioppo (na sua formatura em 1964), e participou da Associação de Canto de Botucatu (regente Padre José Kuster Pisani), apresentando-se no Teatro Municipal de São Paulo. Como cantora popular, passou pelo programa de Calouros do Ary Barroso (na TV Tupi de São Paulo, em 1956), compositor que desaconselhou vivamente a seu pai lhe permitir ingressar nessa carreira, porque, *dixit*, "não era aconselhável para moças de família". Gravou o lp *Maria Lúcia e Pedro Campos* (1967) e interpretou, em dois cds, canções do *Arquivo Angelino de Oliveira* (2002 – autor do icônico "Tristeza do Jeca", músico com quem privou desde a infância), acompanhada por seu primo violonista Zebba Dal Farra e músicos botucatuenses.

Seguiu vida acadêmica em literatura portuguesa, brasileira, literatura comparada, e defendeu Mestrado e Doutorado na Usp, Livre-Docência na Unicamp e Titularidade na Ufs (onde foi Pró-Reitora de Pós-Graduação e Pesquisa), entidades nas quais lecionou e às quais se inclui a University California Berkeley (2002). Pesquisou para seu Mestrado em Lisboa (1972) sob a orientação de Jacinto do Prado Coelho (Universidade de Lisboa); realizou pós-doutorado em Lisboa (1985), com António José Saraiva (Universidade de Lisboa), e em Paris (1980-1981) com Jean-Pierre Laurant (École Pratique des Hautes Études).

Pertenceu à equipe pioneira de Antonio Candido (Prêmio Camões) na fundação do Departamento de Teoria Literária e do Instituto de Estudos da Linguagem da Unicamp (1973-1987). Também bolsista da Fapesp, CNPq, Fundação Calouste Gulbenkian de Lisboa, integrou (2013-2016) um dos quatro membros do Comitê de Assessoramento de Letras e Linguística do CNPq (CA-LL – representante do Nordeste Brasileiro), tendo sido consultora da FINEP (2010) e da CAPES (desde 2006).

Orgulha-se muito de ser respeitada tanto na sua terra natal quanto na adotiva: seu nome batiza a Cadeira 25 da Academia Botucatuense de Letras, sendo que, em Aracaju, recebeu, das mãos do governador, o título de cidadã sergipana. Apesar das artes que tentou extrair de si, Dal Farra prefere ser dita "poetisa" (que, afinal, é o feminino de "poeta") – visto que julga tal exercício mágico o mais prazeroso, para além de constituir-se no amálgama de todos os demais que ela já tenha praticado. Aliás, desse núcleo fervilhante de trocas, tráficos, conversês clandestinos, puro amor e trato íntimo, ela retira forças para sobreviver.

DOAÇÕES

53 cartas de Herberto Helder a Maria Lúcia Dal Farra, aos Reservados da Universidade da Madeira.

Espólio de material (cartas, recortes, documentos) sobre Florbela Espanca, aos Reservados da Universidade de Évora.

35 cartas de Vergílio Ferreira à Maria Lúcia Dal Farra, aos Reservados da Universidade de Évora.

OBRAS PUBLICADAS

POEMAS

Livro de Auras. São Paulo: Iluminuras, 1994, 2002 (2ffi. ed), orelhas José Miguel Wisnik.

Livro de Possuídos. São Paulo: Iluminuras, 2002, orelhas Haquira Osakabe.

Alumbramentos. São Paulo: Iluminuras, 2012, 2014 (2ffi. SP, ed. Mompracem), orelhas Inês Pedrosa

Terceto para o Fim dos Tempos. São Paulo: Iluminuras, 2017, orelhas Viviana Bosi, pref. Teresa Cabañas.

Alguns Poemas. Lisboa: Edições Esgotadas, 2019, org. e pref. Ana Luísa Vilela e Fabio Mario da Silva.

Poemas. Lima: Centro Cultural Brasil/Peru, 2013, org. pref. trad. por Mário Granda.

FICÇÃO

Inquilina do Intervalo. São Paulo: Iluminuras, 2005, orelhas Vilma Arêas.

ENSAIOS

As Pessoas de uma Incógnita: Fernando Pessoa. Lisboa: Boletim da Junta Distrital de Lisboa, 1977.

O Narrador Ensimesmado. O foco narrativo em Vergílio Ferreira. São Paulo: Ática, 1978, pref. Alfredo Bosi.

A Alquimia da Linguagem. Leitura da Cosmogonia Poética de Herberto Helder. Lisboa: Imprensa Nacional/Casa da Moeda, 1986.

Florbela Espanca, Trocando Olhares. Lisboa: Imprensa Nacional/Casa da Moeda, 1994.

Florbela Espanca. Rio de Janeiro: Agir (Nossos Clássicos), 1996.

Poemas. Florbela Espanca. São Paulo: Martins Fontes, 1996.

Afinado Desconcerto. São Paulo: Iluminuras, 2002 e nova ed. atualiz. 2012.

À margem dum soneto/O resto é perfume. Rio de Janeiro: 7 Letras, 2007.

Perdidamente. Correspondência Amorosa de Florbela Espanca 1920-1925. Porto: Câmara Municipal de Matosinhos/ Quasi, 2008, pref. Inês Pedrosa.

Sempre Tua. São Paulo: Iluminuras, 2012.

Manuscritos Florbela Espanca. Vila Viçosa: Casa de Bragança, 2017, com Ana Luísa Vilela.

Correspondência Vergílio Ferreira e Maria Lúcia Dal Farra. Lisboa: Âncora, 2019, org. e pref. Elisa Nunes e João Tiago Lima.

Caleidoscópio Florbela. Évora: Editora da Universidade de Évora, dez. 2023.

Dicionário Florbela Espanca (dir. cient. MLDF; coord. Jonas Leite e Fabio M. Silva). Lisboa: Edições Esgotadas, 2024.

Dicionário Florbela Espanca (dir. cient. MLDF; coord. Jonas Leite e Fabio M. Silva). São Carlos: Pedro & João/CA-PES, 2024.

Lajes Velha, 23 de fevereiro de 2024

CADASTRO ILUMINURAS

Para receber informações
sobre nossos lançamentos e
promoções envie e-mail para:

cadastro@iluminuras.com.br

A *Iluminuras* dedica suas publicações à memória de
sua sócia Beatriz Costa [1957-2020] e a de seu pai
Alcides Jorge Costa [1925-2016].